O Grande Reajuste Descoberto 2021

Crise Alimentar, Colapso Econômico e Escassez de Energia; NWO - Construir Melhor e o Negócio Verde

Isenção de responsabilidade

Este documento visa fornecer informações exatas e confiáveis em relação ao tema e à questão abordada. A publicação é vendida com a idéia de que a editora não é obrigada a prestar serviços de contabilidade, oficialmente permitidos ou de outra forma qualificados. Se for necessário aconselhamento, legal ou profissional, um indivíduo praticante da profissão deve ser ordenado - a partir de uma Declaração de Princípios que foi aceita e aprovada igualmente por um Comitê da Ordem dos Advogados Americana e um Comitê de Editores e Associações.

De forma alguma é legal reproduzir, duplicar ou transmitir qualquer parte deste documento em meios eletrônicos ou em formato impresso. A gravação desta publicação é estritamente proibida e qualquer armazenamento deste documento não é permitido, a menos que com permissão por escrito da editora. Todos os direitos reservados.

A apresentação das informações é sem contrato ou qualquer tipo de garantia. As marcas que são utilizadas são sem qualquer consentimento, e a publicação da marca é sem permissão ou respaldo do proprietário da marca. Todas as marcas registradas e marcas dentro deste livro são apenas para fins de esclarecimento e são de propriedade dos próprios proprietários, não afiliados a este documento. Não encorajamos qualquer abuso de substâncias e não podemos ser considerados responsáveis por qualquer participação em atividades ilegais.

Nossos outros livros

Confira nossos outros livros para outras notícias não relatadas, fatos expostos e verdades desmascaradas, e muito mais.

Junte-se ao exclusivo Rebel Press Media Circle!

Você receberá uma nova atualização sobre a realidade não relatada, entregue em sua caixa de entrada todas as sextas-feiras.

Inscreva-se aqui hoje:

https://campsite.bio/rebelpressmedia

Introdução

A Europa acabará em uma crise total do sistema - neste momento a Alemanha já está culpando os "ataques cibernéticos" (pelos "russos", é claro), que por enquanto terão de preparar a população para uma grande guerra - "0,025% de mortes não justifica a destruição da economia mundial".

A "Grande Reposição" de nossa sociedade estável e próspera, deliberadamente posta em marcha sob o disfarce de um vírus das vias aéreas, está prestes a ser sentida ainda mais duramente. Cada vez mais indícios sugerem que a Europa está caminhando para uma crise alimentar com preços altíssimos. Enquanto isso, os políticos e a imprensa continuam a transmitir, justificar e às vezes até aplaudir toda a responsabilidade pela miséria que já foi causada e que está a caminho.

O Índice de Preços de Alimentos (FFPI) da Organização das Nações Unidas para Alimentação e Agricultura (FAO) subiu 2,3 pontos (2,2%) em um mês para 107,5 em dezembro de 2020, o sétimo aumento consecutivo. O FFPI ficou em apenas 53,1 pontos em 2002, atingindo um pico de 131,9 em 2011 devido à crise financeira, antes de cair para pouco menos de 100.

Tabela de Conteúdos

Capítulo 1: A próxima crise alimentar, energética e bancária

Como os políticos se apoderam de mutações corona perfeitamente normais, naturais e para a grande maioria das pessoas inofensivas para estender e/ou expandir as medidas de bloqueio e restrições à liberdade, as linhas de abastecimento alimentar enfrentarão problemas semelhantes aos que a indústria eletrônica está enfrentando agora (grande escassez de microchips).

Na Alemanha, já existem avisos de que a escassez de frutas e legumes está iminente. Eles também já identificaram uma chamada causa: os ciberataques, pelos quais, naturalmente, "os russos" serão culpados. O miserável Fórum Econômico Mundial de Klaus Schwab, o gênio mau por trás do "Grande Reposicionamento", também espera ciberataques na rede elétrica e no setor bancário.

Culpe os outros pelo que você mesmo causa

Além disso, devagar, mas com certeza, tornando-se incomportável a alimentação básica e a energia, juntamente com grandes problemas com contas bancárias e pagamentos on-line, deve prepará-lo para concordar com uma grande guerra, provavelmente contra a Rússia. Na realidade, as rupturas de energia serão causadas pela mudança para longe do carvão, petróleo e gás, porque por si só é necessária a mudança para energia eólica, solar e biomassa, que não é

5

confiável e cara. Além disso, a próxima crise do mega banco está sendo preparada há anos, que será usada para impulsionar um sistema de pagamento digital completo com um euro digital.

É o velho e familiar conceito histórico que tem sido aplicado com tanta freqüência: culpar a parte que você considera inimiga pelos problemas que você mesmo causou, e você tem certeza do apoio deles.

Infelizmente, quase ninguém lê mais os livros de história, ou se recusa a aprender com eles ("desta vez vamos fazer melhor", "desta vez as coisas vão ser diferentes") porque eles se acham muito mais inteligentes. (Nossa tomada de posição? exatamente o contrário).

Ou você estudou para isso, e aplique as táticas de manipulação social e subversivas neo marxistas que regimes autoritários e ditatoriais usaram tantas vezes antes, de forma extremamente refinada, para seu próprio povo, e deixe-os serem gratos por isso também.

Havia alguma informação privilegiada, ou este é um plano desonesto?

A este respeito, o economista americano Martin Armstrong aponta mais uma vez para a simulação da pandemia do "Evento 201" em outubro de 2019, bem conhecida por muitos, onde tudo o que foi feito a partir de 2020 foi discutido, elaborado e trabalhado em detalhes com antecedência, completado com a semeadura deliberada do medo e do pânico sobre um mero coronavírus.

"Será que eles tinham conhecimento prévio do futuro, ou existe um plano desonesto para reduzir a população e o CO2, causando convenientemente genocídio em massa, como alguns acreditam agora? Tais teorias de conspiração sempre surgem quando se tem reuniões secretas e grupos de elite que se sentem exaltados acima das pessoas inferiores, que eles consideram a "Grande Escumalha".

Entretanto, as teorias da conspiração já se foram há muito tempo, já que todos esses planos maléficos podem ser lidos, ouvidos e vistos abertamente nas publicações dessas organizações como o WEF. Embora algumas delas, tais como "Em 2030 você não terá nada e será feliz" tenham sido retiradas do ar novamente depois de terem causado uma grande agitação. Isso não impedirá estes burocratas autoritários de impor este futuro distópico a você e a mim (mas não a eles mesmos) em 2030 (mas provavelmente muito antes).

Capítulo 2: Grande agitação social devido à crise alimentar (e possivelmente guerra)

De qualquer forma, é certo que, entre agora e 2024, a escassez de alimentos e os preços disparam de qualquer forma. Isto levará a uma grande agitação social e política", escreve Armstrong.

"A má administração pelo governo da UE pode muito bem ser a sua anulação. Afinal, durante o curso desta crise, devido a essa má administração, muitas pessoas perderam seus empregos porque tiveram que ficar em casa e, simultaneamente, seu poder aquisitivo caiu. Este é o pior resultado possível, e é por isso que podemos nos perguntar se esses líderes são realmente tão estúpidos, ou apenas tão desonestos".

Desonesto, porque esta crise sistêmica foi planejada para todas as intenções e propósitos, incluindo o controle total e a direção da grande mídia, com a intenção de criar um super-Estado ditatorial da UE que será (e em muitos aspectos já é) uma mistura tecnocrática do antigo sistema soviético e da China comunista de hoje.

Estúpido, porque eles pensam que este golpe de "Grande Reset / Build Back Better / Green New Deal" contra a sociedade livre também terá sucesso a longo prazo, de modo que em 2030 a Marca e os Sigrids de nosso tempo terão realizado o paraíso climático sonhado.

Evidentemente, estas pessoas não têm mais noção da realidade, pois, caso contrário, teriam que considerar que com este curso tudo e qualquer coisa perturbadora nada pode restar de nossa civilização em 2030, no máximo.

Em qualquer caso, o mundo não está preparado para uma crise alimentar, acredita Armstrong, que sem dúvida será causada pela manutenção das medidas corona. A escassez será particularmente aguda nas grandes cidades. O alto IVA e impostos na Europa será o golpe final para muitos. Então os supermercados não precisam ser estocados por apenas alguns dias para que o pânico, o caos e a violência se instalem em grande escala.

Segundo o economista, a culpa será dos especuladores da bolsa, mas podemos pensar que (também) um culpado político será identificado, provavelmente o presidente russo Vladimir Putin. Se assim for, é conveniente se você já provocou uma grande guerra regional, digamos, na Ucrânia, e possivelmente no Oriente Médio, antes disso. Afinal, já vimos como as cadeias de abastecimento são fáceis de interromper por apenas um navio porta-contêiner (Canal de Suez).

Bill Gates é um dos maiores contribuintes para esta crise
Armstrong então cita outra "teoria da conspiração" de que Bill Gates é agora o maior proprietário de terras

9

agrícolas nos EUA. Verdade ou não, de qualquer forma está provado que ele realmente "comprou" a OMS e a tem em seu bolso, assim como o CDC americano, e presumivelmente todos os institutos similares na Europa. Além disso, ele tem interesses financeiros em todas as grandes empresas farmacêuticas, e é a força motriz por trás da aliança de vacinas GAVI. Portanto, Gates será inegavelmente um dos maiores contribuintes para a crise dos anos, mas a mídia ocidental, co-controlada por ele, nunca será autorizada a escrever isso.

Na última década, centenas de milhares de fazendas desapareceram tanto na América quanto na Europa, em grande parte porque sua existência foi impossibilitada por impostos cada vez maiores e regras e leis de "clima" cada vez mais rigorosas. Desta forma, os governos conseguiram obter grandes quantidades de terra a preços ridiculamente baixos para, entre outras coisas, habitação, energia 'sustentável' e projetos de 'restauração da natureza'. Esta política antiagrícola de longa data ameaça intensificar exponencialmente a crise alimentar que se aproxima.

0,025% de mortes não justifica a destruição da economia mundial

Entretanto, há uma pressa em vacinar todos contra uma doença que não é mais mortal do que a gripe", continuou Armstrong. O número de mortes de Covid é tão exagerado que nossos políticos são ou as pessoas mais burras do mundo ou as mais desonestas. Durante

a gripe espanhola, houve 50 milhões de mortes, então
3,125% da população mundial (1,6 bilhões). Agora há
7,8 bilhões de pessoas, e mesmo 2 milhões de mortos
são apenas 0,02564% disso. Isto não justifica de forma
alguma a destruição da economia mundial".

Os acordos de Nuremberg foram ignorados e até
revertidos
A grande imprensa simplesmente aplaude os bloqueios
e aterroriza o público. Está surgindo que as vacinas não
protegem ninguém de contrair Covid, e podem até
colocá-los em maior perigo quando a população for
esmagada por uma das novas mutações. Enquanto isso,
as empresas farmacêuticas estão imunes a toda
responsabilidade. Em Nuremberg, todos os líderes
mundiais concordaram em proibir tais experimentos
médicos na população se ainda não tivessem sido (ou
não tivessem sido suficientemente) testados em
animais. As vacinas que agora estão sendo injetadas
nem mesmo foram testadas em ratos ou ratos".
(Isto se deve em parte ao pensamento "acordado"
marxista de extrema esquerda, que despojou os
humanos de toda espiritualidade superior, e os vê como
nada mais que uma espécie de máquina biológica que
não transcende de forma alguma a vida animal. De fato,
ao usar os humanos como cobaias e não como animais,
os humanos são colocados abaixo dos animais.
Escusado será dizer que este repreensível pensamento
anti-humano prepara o caminho para um massacre, um
genocídio, como o mundo nunca conheceu antes e

provavelmente nunca mais saberá, porque
simplesmente restará muito poucos de nós).

Capítulo 3: Os próximos 10 anos

Lord Sumption, ex-juiz da Suprema Corte Britânica, já foi muito crítico em relação às medidas totalitárias da coroa várias vezes no ano passado. Agora ele adverte que estas medidas podem levar até 10 anos, porque os governos não podem mais reverter suas decisões sem perda extrema da face. Nossa expectativa é que se as políticas atuais continuarem por mais 10 anos e até mesmo se tornarem mais rígidas, no máximo até 2030 nada restará de nossa sociedade outrora livre e próspera.

Sumption cita um precedente histórico. Após a Segunda Guerra Mundial, as rações alimentares continuaram na Grã-Bretanha por 9 anos. As pessoas queriam isso, porque estavam por trás do controle social. Mas em 1951 o Partido Trabalhista perdeu completamente a maioria, porque as pessoas que tinham 5 anos ou um longo controle social atrás deles estavam fartas. Mais cedo ou mais tarde, isso vai acontecer neste país agora".

O ex-chefe de justiça estava respondendo às declarações dos funcionários do governo de que todas as medidas, incluindo bloqueios, distanciamento social e protetores bucais, permanecerão no lugar até que todos sejam vacinados. O governo britânico decidiu recentemente estender todas as medidas, pelo menos até outubro. O Ministro da Saúde Matt Hancock se recusou a dizer se haveria outra prorrogação depois disso.

É tão grave que mesmo os políticos não ousam mais oferecer um protesto bem fundamentado.

"Você não falhou nesta batalha, pois é seu dever sagrado fazer sua própria contribuição tomando o lado do Bem". Outros, viciados em corrupções, ou cegos por um ódio infernal a Nosso Senhor, escolheram o lado do Mal".

Não pense que as crianças das trevas operam de forma honesta, nem fique chocado que elas façam uso de enganos. Ou você às vezes acredita que os seguidores de Satanás são honestos, sinceros e leais? O Senhor nos advertiu sobre o diabo, que "foi um assassino de homens desde o início, e não permanece em verdade, pois não há verdade nele". Quando ele diz a mentira, ele fala de acordo com sua natureza, pois é um mentiroso e o pai da mentira". (João 8:44)

Lord Sumption aponta que os políticos e cientistas que se opõem à política de bloqueio "estão sujeitos a uma campanha pessoal de difamação extremamente desagradável". Sei de muitos que preferem não colocar a cabeça acima do parapeito. Desde o início, quando falei, comecei a receber e-mails de políticos que concordavam comigo, mas que não se atreviam a dizer nada por conta própria. Acho que esta é uma situação muito séria".

14

Agora está claro para muitas pessoas que um vírus respiratório típico, que é perigoso apenas para um pequeno grupo de idosos e pessoas vulneráveis (e que tem uma taxa de sobrevivência estabelecida de 99,7%) está sendo explorado para fazer passar uma determinada agenda, a "Grande Reposição" sob a Agenda Comunista da ONU-2030. Qualquer pessoa que discorde abertamente é alvo de métodos draconianos. As pessoas deveriam ter permissão para expressar suas diferenças", diz o juiz. "Se você pode impor distanciamento social apenas batendo na cabeça das pessoas com paus, então não vale a pena".

Capítulo 4: Fase final de nossa civilização?

No entanto, as pesquisas (na medida em que ainda podem ser confiáveis) mostram que a maioria das pessoas concorda que sua sociedade está sendo mudada e deformada para sempre. Este é o sinal para que os políticos promovam medidas ainda mais duras e rigorosas nos próximos anos, sob o pretexto de novos vírus e/ou "o clima", o que porá um fim aos últimos resquícios da liberdade para sempre, e logo também à nossa atual prosperidade.

Bem-vindo ao início da mais dura e mais anti-humana ditadura que este mundo já conheceu. E você mesmo votou a favor dela. Daí nossa reiterada pergunta se nossa sociedade às vezes se tornou suicida. Toda civilização chega a um fim - geralmente bastante repentino - muitas vezes porque as pessoas deixam os líderes totalitários fazer suas coisas e muitas vezes até mesmo cooperar com eles. É doloroso observar, mas talvez agora seja a nossa vez de descer.

24 líderes mundiais exigem o rápido estabelecimento de uma ditadura mundial de vacinas da OMS

Ninguém está seguro até que todos estejam seguros" na verdade significa que todos os cidadãos do mundo serão obrigados a ser vacinados em breve - a Nova Era Top esperada para o início da nova ordem mundial luciferiana em 2012: 2012 é na verdade 2021?

24 líderes mundiais, incluindo a chanceler alemã Angela Merkel, o presidente francês Macron e o primeiro-ministro britânico Johnson, assinaram uma carta pedindo um tratado que permitiria uma ditadura global de vacinas da OMS. É claro que isto não é afirmado literalmente, mas se resume esmagadoramente ao fato de que todos os países, sob o pretexto de "preparação para pandemias", devem entregar sua soberania nacional e médica a um governo global. Isto é exatamente o que advertimos em janeiro de 2020, ou seja, que o coronavírus será mal utilizado para estabelecer um governo mundial ditatorial comunista, que acreditamos firmemente que se tornará o regime mais duro e mais anti-humano que este planeta já conheceu, embora se apresente exatamente como o oposto.

A prova mais chocante disto é a declaração abertamente expressa "Ninguém está seguro até que todos estejam seguros", em si mesma uma premissa absurda, já que a vida não funciona dessa maneira, nunca funcionou e nunca IRÁ funcionar dessa maneira, já que todos teriam que ser permanentemente forçados a ficar em casa. Então, ignoramos por um momento que a maioria dos acidentes acontece precisamente em casa.

Numa época em que o Covid-19 explorou nossas fraquezas e divisões, devemos aproveitar esta oportunidade e nos unir como uma comunidade global para uma cooperação pacífica que se estenda além desta crise, é um dos argumentos agora mastigados da mídia para acabar com o "isolacionismo e o nacionalismo".

O objetivo final: a vacinação obrigatória para todos os cidadãos do mundo

O resto da mídia em torno da covid-19 e o grande reset, também, nada mais é do que a cansativa e oca blather sobre forçar a unidade, supostamente porque isso seria melhor para a humanidade, quando na realidade algo completamente diferente está sendo realizado e uma horrível distopia será criada com isso.

De fato, "ninguém está seguro até que todos estejam seguros" é uma ameaça velada às pessoas que não querem ser injetadas com substâncias experimentais manipuladoras de gênero comercializadas como "vacinas" para homens (e mulheres e crianças). Isso indica que os líderes mundiais há muito tempo decidiram para onde querem ir, ou seja, a vacinação obrigatória, sob pena de exclusão total da sociedade (e, com o tempo, também sob pena de ter todos os seus direitos e todos os seus bens retirados, presumivelmente seguidos de encarceramento forçado em um "campo de reeducação").

Se a primeira pandemia não o convencer, então a segunda pandemia o convencerá.

Esta obrigação de vacinar vai acontecer, você pode estar certo disso, não importa quantas vezes ainda seja

18

negada. Afinal, Bill Gates já estava se vangloriando abertamente durante uma entrevista na TV: "Se a primeira pandemia não o convenceu, a segunda o convencerá".

Portanto, ele já sabia no ano passado que pelo menos duas pandemias estão planejadas, a segunda das quais será o golpe final para a saúde mental da população, que já está sob grande pressão. Este último vai então gritar e gritar por "segurança" e exigir de seus governos que os reféns da vacina - que serão falsamente culpados por esta segunda pandemia e pelos bloqueios subsequentes - sejam todos removidos da sociedade a todo custo.

Essa segunda pandemia também poderia ser o anunciado "ataque bio-terrorista" de Gates, muito provavelmente apenas mais uma falsa bandeira / operação de propaganda que os observadores críticos acreditam que pode ser causada precisamente pelas vacinas. De fato, cientistas e outros especialistas têm advertido repetidamente que as vacinas podem desabilitar uma parte crucial do sistema imunológico humano, deixando as pessoas vacinadas indefesas quando a coroa e outros vírus respiratórios retornam no outono ou no inverno. Alguns sentem, portanto, que as próprias vacinas são estas armas de "bio terror" que Gates advertiu em 2020.

Capítulo 5: O último império mundial

Cristianismo Institucional

A anunciada ditadura WHO/WEF/UN/EU será uma parte central, nada menos que o estabelecimento do "Reino do Anticristo" (melhor, Reino da "Besta", porque o termo "anticristo" não aparece em nenhum lugar em todo o livro apocalíptico do Apocalipse, e portanto não se refere a uma única pessoa) predito na Bíblia. Embora eu tenha pouco respeito por sua denominação, concordo com ele a este respeito.

O triste é que é precisamente o cristianismo institucionalizado que possibilita, facilita e promove a vinda daquele império mundial final, transnacional e anticristão (e isto também, aliás, é previsto em profecias bíblicas). No ano passado, o papa Francisco já havia solicitado uma "vacina universal para toda a humanidade", mesmo sugerindo que não se vacinar é um pecado (mortal). A maioria dos outros movimentos cristãos, do protestante conservador ao evangélico e pentecostal, mais ou menos concordam com ele. Considere também os muitos partidos cristãos, ministros e líderes governamentais que estão por trás desta agenda e a estão levando a cabo.

Em todo o mundo, milhões de cristãos têm aguardado ansiosamente "o fim dos tempos". Agora que o tempo realmente parece ter chegado, a maioria deles de repente parece não querer saber nada sobre isso,

apenas porque a vinda do reino predito da Besta
acontecerá de uma maneira diferente e, em parte, com
métodos diferentes dos que eles foram levados a
acreditar por "tratados de cócegas de ouvido" durante
todo esse tempo. E mais: muitos estão de fato
trabalhando nele por convicção plena.

**A Nova Era espera a ordem mundial luciferiana há
quase um século.**

No dia 28 de março de 2009, portanto, quase 12 anos
atrás, escrevemos que a Nova Era de alto escalão previa
que em 2012, sob o Presidente Barack Obama, seria
estabelecida a "ordem mundial luciferiana". Eles não
queriam dizer 2012, mas talvez 2021?

A humanidade está caminhando para uma nova
civilização e uma nova cultura mundial, que ficará
conhecida como a Era da Luz', escreveu Tom Carney, da
Nova Era, em 2009, em 'Thoughtline', apontando para a
infame ocultista Alice Bailey (cuja ONG Lucis Trust é
reconhecida pela ONU) e seu 'Novo Grupo de
Servidores Mundiais' (note também a pirâmide e o
arco-íris), fundado já em 1924, e seu 'Grande Plano'
para a humanidade. Na visão de teosofistas como Bailey
e muitos outros New Agers como Helena Blavatsky,
aquele que trará esta 'Luz' é o 'Light Bringer', Lúcifer,
referido na Bíblia como o diabo, Satanás.

Há teorias que afirmam que as vacinas do mRNA são
necessárias para modificar nosso DNA de tal forma que

em breve seremos todos totalmente controláveis, manipuláveis e obedecendo automaticamente aos seguidores desta falsa luz. Se isto realmente é assim, mas a revista New Age 'Innerchange' falou literalmente em sua primeira edição de 2009 de um 'arquétipo Lúcifer' como 'o novo ser humano' que iria povoar a Terra num futuro muito próximo.

É especulação, mas possivelmente os 12 anos depois disso foram usados para colocar pela primeira vez esses "arquétipos" em posições poderosas em governos nacionais, organizações supranacionais e instituições religiosas para que no momento certo, talvez aproveitando o medo deliberadamente instilado de um vírus respiratório médio, eles pudessem tomar o poder total para realizar esta ordem mundial luciferiana, este "reino da Besta" bíblico.

Embora milhões de pessoas no Ocidente tenham despertado para o grande perigo dos globalistas da ONU/UE/IMF/WEF/NATO, ainda somos uma minoria.

Certamente na Europa, a maioria das pessoas ainda acredita cegamente na propaganda dos principais partidos políticos e da mídia, embora muitas de suas mentiras flagrantes tenham sido expostas, especialmente nos últimos anos. Para aqueles cujos olhos foram abertos, a persistente inanidade e às vezes estupidez chocante de semelhantes ingênuos pode às vezes ser bastante frustrante.

De fato, com um pouco de pesquisa de fundo e pensamento crítico, pode-se concluir que a falecida pandemia de coronavírus Wuhan é provavelmente uma crise criada deliberadamente para submeter todas as nações a um governo mundial totalitário.

A agenda dos globalistas pode ser resumida com um termo: "Ordem do Caos". O analista Brandon Smith não é de forma alguma o primeiro a apontar que "toda crise é criada ou explorada para manipular o público em consentimento". Mas consentimento para quê?'.

Capítulo 6: A crise bancária

A próxima mega-crise financeira será usada para o empurrão final através da "Grande Reposição" comunista

Embora o foco tanto do governo quanto da mídia ainda esteja quase totalmente voltado para a corona, na UE estão ocorrendo desenvolvimentos extremamente preocupantes em segundo plano, que provavelmente terão conseqüências muito abrangentes para nossa prosperidade e poder de compra já no curto a médio prazo.

O BCE vai comprar mais dívida pública nos próximos meses, porque as taxas de juros dos títulos do governo começaram a subir novamente.

Além disso, o sistema bancário de fato já falido tecnicamente está com problemas ainda maiores por causa da crise da coroa manufaturada.

A única coisa que mantém a Comissão Européia unida é a árvore mágica do dinheiro chamada ECB", escreve o analista Alasdair Macleod.

Se você já teve duas aulas de economia, você deve saber onde tal "árvore do dinheiro" sempre leva inevitavelmente: "Este é um espectáculo de terror que está sendo feito.

O REUE é um fato consumado em termos políticos e financeiros

Os críticos muitas vezes descrevem de forma ridícula a União Européia como o REUE, e isto certamente não é um exagero no ano de 2021 - pelo contrário.

Politicamente, a UE funciona há muito tempo exatamente como a antiga União Soviética: o Politburo, um clube não eleito de burocratas chamado Comissão Européia, determina a política e dá seus "desejos" (=ordens) ao Conselho Europeu de Chefes de Governo, que os debatem por causa da forma, e depois levam essas ordens aos seus próprios países - apenas em nome - independentes, onde os parlamentos, reduzidos a "sim-homens", sempre colocam automaticamente um selo de aprovação neles.

Para manter a pretensão de uma democracia européia, a própria UE também tem um "parlamento", do qual todos os membros recebem salários altíssimos, bônus e pensões por participarem desta grande peça, e permanecem em silêncio sobre o fato de que na realidade eles não têm nada, absolutamente nada a dizer.

A única vez que este parlamento parecia ter algum "poder" foi quando enviou uma Comissão Européia para casa, mas isso foi - especialmente em retrospectiva - muito provavelmente apenas encenado, porque foi naquela época que o público europeu começou a acordar para a natureza "socialista" (no sentido marxista) e para o design da UE.

Recentemente, o BCE deu discretamente o próximo passo em direção à inevitável destruição do euro, do sistema euro/Target-2, e de si mesmo. O banco decidiu comprar mais títulos do governo nos próximos meses, ao contrário de anúncios anteriores, porque as taxas de juros estão subindo novamente em todo o mundo. Se esta tendência continuar, causará a falência de toda a rede da zona do euro. "E essa rede é como uma boca cheia de maçãs podres", diz Macleod. "É o resultado não só de um sistema falido, mas também de políticas para salvar a Espanha do aumento das taxas de juros em 2012".

Custe o que custar", a moeda do euro será "poupada" às custas dos cidadãos

Naquela época, o então presidente do BCE, Mario Draghi, disse suas famosas palavras que salvaria o euro "custe o que custar". O que ele não nos disse foi que o preço desse "custe o que custar" teria que ser tossido pelos aforradores e fundos de pensão europeus em primeiro lugar.

Devido à dívida cada vez maior, a intervenção de Christine Lagarde deve necessariamente ser ainda maior do que a de sua antecessora Draghi. Em última análise, todos os europeus terão que pagar caro por isto através de uma perda substancial e permanente de seu poder de compra e prosperidade. Os anos de prosperidade dos Estados membros da UE estão quase terminando.

Lagarde coloca o "o que for preciso" de Draghi numa velocidade ainda maior. O BCE, que afirma ser "independente", mas é uma instituição política através e através, realmente só serviu a um propósito, que é o de garantir que os gastos não controlados dos estados membros do sul, em particular, sejam sempre cobertos.

Um sistema engenhoso foi concebido para este fim: Target-2

Só a Itália e a Espanha devem quase 1 trilhão de euros a este sistema do BCE. A Alemanha, Luxemburgo, Finlândia e Holanda, por outro lado, devem cerca de 1,6 trilhão de euros a este sistema, sendo que a maior parte (mais de 1 trilhão de euros) é devida pela Alemanha. *(De fato, o pequeno Luxemburgo pode ser visto como um banco disfarçado de Estado independente, um dos muitos truques que o BCE utiliza para fazer a situação financeira da UE parecer mais rosada).*

Grandes megabancos tecnicamente já falidos
Ao comprar títulos do governo, o próprio BCE já tem uma dívida de 345 bilhões de euros, em parte devido ao financiamento encoberto do rápido aumento do déficit do governo francês. A França pode agora ser contada entre os países PIIGS, mas isto nunca será admitido

oficialmente porque a França é considerada um Estado
"sistemicamente importante".

Enquanto isso, os encargos da França começam a pesar
cada vez mais no sistema do euro, até porque o mega-
banco francês Société Générale está tecnicamente em
falência, assim como o Deutsche Bank e o Unicredit da
Itália, por exemplo.

O que as estatísticas não mostram é que o Bundesbank
já comprou muitos bilhões de dólares de dívida do
governo alemão em nome do BCE. O desequilíbrio
sempre crescente no sistema Target-2 surgiu porque a
Itália, Espanha, Grécia e Portugal em particular têm sido
sobrecarregados com mais e mais dívidas "ruins", ou
dívidas que podem e nunca serão reembolsadas.

O resultado foi que os sistemas bancários "zumbis"
nesses países tiveram que ser colocados em um
gotejamento permanente do BCE.

Bando de bêbados na sarjeta
As dívidas incobráveis e outros "ativos ruins" foram
transferidos para o sistema do euro (e, portanto, em
particular para a Alemanha, Finlândia, Holanda e
Luxemburgo) na época do "resgate" da Grécia, e depois
o resgate dos bancos italianos, que foi escondido do
público.

O que não está nas estatísticas é uma quantia ainda
muitas vezes maior de 8,31 trilhões de euros (total

provavelmente mais de 10 trilhões de euros) em financiamento de curto prazo, que na zona do euro praticamente não precisa de cobertura.

Em resumo, isso significa que você, por exemplo, com uma renda média anual de 36.000 euros, pode obter um empréstimo do banco de 1 milhão de euros sem piscar um olho, e o gerente do banco lhe diz então: "Veja o que você pode pagar, e quando..." O que você acha, este banco vai permanecer saudável por muito tempo? E será que um banco central que depois mantém esses bancos em funcionamento por anos também permanecerá saudável por muito tempo?

Como um bando de bêbados tentando se içar surpreendentemente para fora da sarjeta, os preços das ações dos bancos da zona do euro subiram junto com os mercados. Mas suas notações continuam tão pobres", observa Macleod. A situação agora é tão terrível que se um grande banco da zona do euro falhasse, todo o sistema entraria em colapso como um castelo de cartas.

UE um "estado falhado": o poder de compra será exterminado

A UE tem todos os sinais de um estado falho", continuou o analista. Isto foi particularmente evidente na reação da UE ao Brexit, que realmente só pode ser descrita como uma vingança de uma forma tão obtusa quanto infantil, independentemente das conseqüências dolorosas para o próprio bloco.

Além disso, é pouco provável que a UE saia do lockdowns este ano, o que significa que todos os Estados-membros terão que continuar assumindo novas dívidas sem precedentes para manter suas economias em funcionamento. As conseqüências de políticas extremamente prejudiciais serão ainda mais severas para a Europa do que para os Estados Unidos e a China.

Grandes partes da economia - especialmente os pequenos empresários - estão à beira do colapso. Somado aos desenvolvimentos nos mercados de commodities (petróleo, metais, alimentos, etc.) e ao gigantesco aumento na oferta de dinheiro, tudo isso levará a uma perda mundial de poder de compra. A UE, graças à sua própria estrutura, políticas e ações, está completamente atrasada em relação à recuperação econômica, que já está em pleno andamento na China.

E porque o financiamento de tudo repousa sobre os ombros do BCE, a crise na UE certamente começará ali. Ela certamente derrubará a maior parte do sistema bancário.

Não será necessário um aumento muito acentuado das taxas de juros para acabar com isso". E então o verdadeiro valor do 'valor' e dos 'ativos' que os grandes bancos da zona do euro afirmam ter em seus balanços patrimoniais também é revelado: 'essencialmente NÃO'.

Não é de se admirar que a fuga de capitais da zona do euro tenha se acelerado. O dinheiro sempre foge de lugares com políticas ruins e esbanjadoras, e onde logo não valerá nada.

A economia é deliberadamente inflada para alcançar a Grande Reposição Comunista

Se você está se perguntando: mas por que eles não estão tentando evitar isso? Então minha resposta é: porque eu acho que o sistema está sendo deliberadamente explodido. Um euro digital já está em funcionamento e, em algum momento, ele deverá substituir todo o dinheiro. Este novo sistema de dinheiro digital será presumivelmente introduzido durante ou logo após a iminente mega-crise financeira, e será gradualmente ligado a tudo (carteira de identidade/passaporte, cartão de débito, cartão Covid, etc.). Todas as dívidas serão confiscadas, após o que todos os "ativos", todos os bens, todas as finanças, de todas as empresas e indivíduos, cairão para o Estado.

Então a "Grande Reposição", a transformação do outrora bem sucedido bloco de livre comércio da E.E.C. em uma União Soviética Européia com um sistema tecnocrático e profundamente comunista, estará completa.

Então, nossa prosperidade e todas as nossas liberdades e posses serão feitas para o bem. (E você, como empresário, ficou tão feliz com a prometida compensação de 100% de seus custos fixos pelo governo!

Vocês realmente não percebem em que armadilha vocês todos pisaram? Que vocês nesta economia planejada logo nada mais a dizer sobre seus próprios negócios e sobrevivência?)

Para ter uma idéia de como a vida será 'agradável' para nós, então, dê uma olhada nos livros de história, eu diria. Para a maioria das pessoas, no entanto, tal apelo cairá em ouvidos surdos.

Recentemente, os europeus votaram ainda mais maciçamente nos partidos nominalmente "liberais", que durante anos implementaram quase exclusivamente políticas neo-Marxistas da UE.

Como o povo quer permanecer cego para as inevitáveis conseqüências, parece restar apenas uma coisa, para nosso grande pesar, e que é sofrer muita dor (novamente) para trazer o povo de volta aos seus sentidos.

Com a esperança de que nossos (grandes) filhos sobreviventes após esta terrível crise sistêmica tenham aprendido com estas lições duras e sejam capazes e dispostos a construir uma sociedade muito mais saudável, uma sociedade onde não haja mais lugar para Grandes Bancos, Grandes Farmácias, Grandes Técnicas,

Grandes Militares e Grandes Governos, em outras palavras: para a Grande Corrupção.

Capítulo 7: O acordo verde

Para alcançar as metas climáticas, será estabelecida uma eco-dicatura comunista, que acabará com todas as nossas liberdades e uma grande parte da nossa atual prosperidade.
Economista DB Research: Bruxelas conta uma história injusta aos cidadãos" - Medidas dolorosas muito próximas: perda da liberdade de transporte, aquecimento, casa, alimentação

Uma análise do Deutsche Bank critica fortemente a União Européia por apresentar o "Green Deal" ao público em uma luz muito cor-de-rosa, e por ter "um debate injusto" sobre ele.

A DB quer que Bruxelas informe aos europeus que a implementação do Acordo Verde significará uma mega-crise econômica e social, que será necessário algum tipo de eco-ditadura para impor todas as medidas, e que perderemos permanentemente uma grande parte de nossa prosperidade.

É sobre isso que temos advertido há anos: os "planos climáticos" da UE terão efeito zero sobre a "mudança climática", mas transformarão nosso continente em uma área atrasada, com pobreza generalizada, na qual não teremos liberdade alguma.

O monstruosamente caro "Green Deal" representa enormes riscos para a prosperidade, a economia e a democracia, segundo a DB. Esses riscos devem ser informados honestamente ao povo, e não retidos, como está acontecendo agora. Pelo menos é o que Eric Heymann, economista sênior do Deutsche Bank Research, escreve.

Bruxelas apresenta o Green Deal como "uma nova estratégia de crescimento" que levará a "uma sociedade justa e próspera", mas essa afirmação é altamente duvidosa. Tudo soa bem no papel, mas para alcançar uma Europa verdadeiramente neutra para o clima até 2050, toda a economia, assim como todo o sistema político e judicial, deve ser fundamentalmente mudado.

Koire é também autor do livro "Behind the Green Mask - UN Agenda 21". A Agenda 21 foi assinada por 178 países e pelo Vaticano em 1992. Com esta agenda, uma elite do poder globalista quer ganhar controle total sobre toda a terra, água, vegetação, minerais, construção, meios de produção, alimentos e energia.

A aplicação da lei, a educação, a informação e as próprias pessoas também devem estar sob este controle completo.

Até agora, as implicações da agenda climática da UE são "ainda relativamente abstratas", e para a maioria dos lares "ainda aceitáveis". Mas isso está prestes a mudar. Estão chegando intervenções drásticas que porão fim à escolha do transporte gratuito, o tamanho das casas, a forma como aquecemos, a posse de bens de consumo eletrônicos e o consumo de carne e frutas tropicais, por exemplo. Além disso, o emprego será duramente atingido.

Os impostos sobre a energia aumentarão muito mais, tornando o aquecimento e o transporte extremamente caros. Heymann adverte que não há tecnologias adequadas disponíveis para manter nosso atual nível de prosperidade.

Sabemos que a eco-ditadura é uma palavra desagradável, mas temos que nos perguntar até que ponto estamos preparados para aceitar uma espécie de eco-ditadura a fim de nos tornarmos neutros em relação ao clima.

Por exemplo, o que devemos fazer com os proprietários que se recusam a tornar suas casas e edifícios neutros do ponto de vista climático?'*

(*A elite encontrou uma resposta para isso em 2020: apreender um vírus respiratório médio para uma série de bloqueios com restrições severas, e assim colocar centenas de milhares de agricultores e empresas no gotejamento estatal. Assim, eles são efetivamente expropriados pela porta dos fundos.

O Estado ganha assim poder total para fazer duras exigências no reinício desses negócios, se eles sobreviverem à crise e/ou obtiverem permissão para fazê-lo).

Você está disposto a negar a seus filhos a prosperidade que você desfrutou?

Uma pergunta melhor é: você e eu estamos dispostos a privar nossos (grandes) filhos de pelo menos a mesma prosperidade e liberdade que desfrutamos até o início dos anos 2020? Estamos dispostos a dizer-lhes em breve que eles terão que viver na pobreza e opressão permanentes, enquanto os habitantes de países como a China e a Rússia, que não querem demolir suas sociedades para combater um gás natural (CO2) perfeitamente necessário para toda a vida - e do qual ainda existem níveis historicamente baixos na atmosfera - terão em breve um nível muito maior de prosperidade e bem-estar?
E como você vai explicar a eles, em meio a um período de resfriamento global, frio congelante e escassez de alimentos, que tudo era "realmente necessário" para combater o chamado aquecimento global?

O Acordo Verde levará ao desaparecimento da UE
Nossa expectativa? Muitos europeus não vão tolerar isto. Quanto mais dura e coerciva for a ditadura climática da UE, e quanto mais riqueza e liberdade ela tirar aos cidadãos, tanto maior será a resistência. Eventualmente haverá grandes revoltas, os governos serão derrubados, e os países deixarão a UE, que então entrará em colapso com um estrondoso rugido, e acabará no monte de lixo da história.

Exatamente onde pertence esta união profana, antidemocrática, sempre mentirosa, trapaceira e ladra. Então a próxima geração pode começar a reconstruir sobre as gigantescas ruínas que os eurocratas terão deixado para trás, e esperamos ter aprendido com os erros da capital que os políticos europeus fizeram.

Um agricultor alemão está soando o alarme em nome de numerosos colegas europeus sobre o "New Deal Verde" da Comissão Européia e o "czar climático" Frans Timmermans. Bruxelas quer que a Europa se torne chamada de "neutra em relação ao clima" até 2050, e para isso a agricultura moderna tem que ser eliminada. Se este plano for aprovado, ele levará a uma agricultura ineficiente, muito menos "verde", a colheitas mais pobres e, portanto, a preços muito mais altos de alimentos. Isto causará fome e pobreza generalizada, especialmente entre as pessoas de baixa renda.
Em maio do ano passado, mais detalhes do "Acordo Verde Europeu" foram revelados. A Comissão Européia quer virar a sociedade completamente de cabeça para baixo, e fazer a "transição justa e inclusiva" para todos. No entanto, pelo menos um grupo está completamente excluído disto: os agricultores.

Farm to Fork" é o nome da estratégia escolhida para reformar a agricultura na Europa. Os objetivos desta estratégia são completamente "irrealistas", escreve o agricultor alemão Marcus Holtkoetter para a Global Farmer Network. "Os agricultores teriam que reduzir seus produtos de proteção às culturas pela metade na próxima década, e os fertilizantes em 20%". Tanto quanto um quarto de todas as terras agrícolas existentes deveria ser utilizado para a produção "orgânica"".

Mas é claro que nada disso perturbaria as refeições das pessoas", continuou o agricultor cinicamente.

Os alimentos ficarão mais caros

Os europeus são abençoados com uma abundância de alimentos (embora a qualidade possa ser questionada, especialmente para alimentos refinados), especialmente porque a agricultura pode ser contada entre as mais modernas e eficientes do mundo. O solo é fértil, as colheitas quase sempre de alta qualidade. Devido à agricultura intensiva, temos alcançado excelentes resultados. Como resultado, não temos problemas de fome e desnutrição, que afligem as pessoas com menos sorte em outras sociedades".
O que a Comissão Européia está propondo agora é uma colheita menor. Para os consumidores, isto levará diretamente a uma coisa: preços mais altos. Os alimentos se tornarão mais caros".

Colheitas cada vez menores

Outro grande problema é que os agricultores, que já estão lutando, ganharão ainda menos por causa de colheitas mais baixas e, portanto, vendas mais baixas. A comissão não entende que sua má abordagem da agricultura levará os agricultores que já não conseguem mais pagar as contas a desistirem. Quando isto acontecer, as colheitas mais baixas se tornarão ainda menores".

Isto é o oposto do que a comissão diz querer alcançar, que é uma economia e uma agricultura "sustentável". Ainda mais importante é a questão de onde nossos alimentos devem vir então, se os agricultores europeus não tiverem mais permissão para produzir o suficiente. O Acordo Verde Europeu, portanto, inevitavelmente levará a uma agricultura ainda mais ineficiente em países com terras menos férteis e produtivas.

O que é "verde" no cultivo de menos colheitas em mais terras?

Isso poderia encher a barriga numa Europa com menos agricultores, e possivelmente até aliviar a consciência dos ativistas e burocratas em Bruxelas. Mas NÃO vai absolutamente ajudar o clima. Nosso objetivo deveria ser cultivar mais alimentos em menos terra. A abordagem da UE, guiada não pela ciência, mas pela ideologia, na verdade levará a cultivar menos alimentos em mais terra. O que há de "verde" nisso?

Tenha em mente que até 2050 a população mundial terá aumentado em mais 2 bilhões de pessoas. Eles também precisarão comer. Seria uma grande tarefa fazer isso com os atuais métodos agrícolas eficientes, mas isso ainda poderia ser feito. A agricultura tem provado ser muito inovadora nas últimas décadas.

A UE vê o cidadão como um problema a ser resolvido

Mas o que os agricultores NÃO precisam é de ainda mais regras e ainda mais restrições. Esse seria o golpe final para muitos, e poria em risco a segurança alimentar na Europa. O pior é que o Green Deal europeu parece assumir que os agricultores são os inimigos da conservação da natureza. Ele nos trata como um problema a ser resolvido, em vez de um aliado em uma causa comum".

Trabalhamos duro para ser o mais "verde" possível. Em minha fazenda, produzimos parte de nossa eletricidade com painéis solares. Utilizamos GPS e outras tecnologias para reduzir nosso desperdício em fertilização e controle de ervas daninhas. Plantamos plantações para proteger o solo da erosão. Plantamos canteiros de flores para atrair insetos que polinizam as culturas, e melhorar a biodiversidade".

A melhor maneira de evitar inovações positivas é garantir que os agricultores não consigam pagar as contas. Portanto, para os agricultores, e para todos, o Green Deal europeu é um negócio muito ruim".

Os insetos devem substituir o consumo de carne à luz do desastroso e destruidor "New Deal Verde".

Uma parte do "New Deal Verde" da União Européia, o cavalo de batalha do eurocomissário marxista Frans

Timmermans, entrou agora em vigor. A Autoridade Européia de Segurança Alimentar aprovou a venda e o consumo de insetos como gafanhotos, grilos e minhocas de refeição para consumo humano. A ditadura climática em Bruxelas, ao acabar com a pecuária, quer reduzir drasticamente o consumo de carne nos próximos anos, e forçar a população a mudar para cupons de alimentos alternativos.

Há uma boa chance de termos luz verde nas próximas semanas', respondeu o secretário geral da Plataforma Internacional de Insetos para Alimentação e Nutrição, Christophe Derrien, ao The Guardian. Ele está ansioso para o momento em que os insetos estejam tanto para venda única nas lojas como também incorporados a outros produtos, como lanches, massas e hambúrgueres. Seu argumento: os insetos são uma boa fonte de proteína, mas sua produção "não prejudica o planeta".

A promoção de insetos consumidores por todos os tipos de organizações globalistas, instituições culturais e a mídia é feita para preparar a população ocidental para um padrão de vida drasticamente mais baixo, que resultará do desastroso "New Deal Verde". A implementação deste programa monstruosamente caro, que acabará para sempre com a prosperidade acumulada do pós-guerra, intensificará a profunda recessão/depressão econômica resultante das medidas corona.

É também por isso que o Economist, porta-voz da elite internacional esquerdista-liberal, promove a ingestão de insetos. No entanto, a questão é se alguma dessas figuras "top", que deliberadamente colocaram em movimento a queda de nossa sociedade livre, alguma vez colocarão um inseto em suas próprias bocas (exceto pelas usuais fotos de propaganda encenadas). Para vocês sabem: em toda ditadura comunista, os governantes se eximiram de todas as duras medidas com as quais oprimem o povo comum.

Acordo de extrema esquerda sobre o clima verde UE custa à família mais de 5100 euros por ano

Um "homem no momento da lua para a UE" é chamado de acordo climático verde de Frans Timmermans. As propostas do papa do clima do Politburo da UE são tão extremas e insanas que a comparação com a lua é de fato correta. Se apenas metade da ditadura do clima comunista de Timmermans for realizada, todos nós iremos "à lua" figurativamente. A UE quer gastar 575 bilhões de euros por ano para virar toda a sociedade de cabeça para baixo e torná-la 'neutra em relação ao clima'. E quem vai pagar por isso? Exatamente, os cidadãos. Por habitante, 1280 euros, - por ano e por família média, 5120 euros, - por ano. E em troca, obtemos a destruição gradual total de nossa prosperidade e liberdade.

Derk Jan Eppink perguntou recentemente em Bruxelas quem nos próximos 20 anos deveria pagar os 11,5 trilhões de euros (três vezes o PIB da Alemanha) que a distopia climática do Timmermans vai custar. Ninguém lhe respondeu. Presumivelmente, como sempre, é principalmente a Holanda que é considerada, pois já somos os maiores contribuintes líquidos da UE, e garantimos, através de vários fundos de emergência, cerca de 100 bilhões de euros para manter o projeto do euro financeiramente fracassado em funcionamento.

O Quarto Reich vai governar com um punho de ferro

A propósito, 80% de nossas leis já vêm de Bruxelas e Estrasburgo. Assim, o Quarto "Reich" europeu, ou União Européia das Repúblicas Socialistas Soviéticas, na verdade já existe. Mas a partir de 2020, este Reich comunista vai realmente governar com um punho pesado, tudo sob o disfarce de "salvar o clima" falso, mas principalmente para salvar novamente os bancos. Os principais nomes de Wall Street estão advertindo que a próxima mega-crise financeira, a crise sistêmica sobre a qual temos escrito durante anos, está agora literalmente à beira da ruptura.

O que ainda podemos fazer para evitar perder tudo é revoltar-se em massa, como os camponeses agora querem fazer novamente em 18 de dezembro. Nós como povo temos que dizer "basta", e romper o mais rápido possível com a elite política que entrega conscientemente nosso país, nossa prosperidade, nossa cultura, nossa liberdade e nossa democracia a um regime extremista em Bruxelas que é obviamente hostil para nós.

Não diga daqui a 5 anos que você não foi avisado, quando terá que usar toda sua renda restante para sobreviver, e isso em casas que dificilmente poderão ser iluminadas e aquecidas por causa dos altos impostos climáticos do céu. O Acordo Verde da Europa = fim da prosperidade, fim do bem-estar, fim da liberdade, e bem-vindo à ditadura totalitária. E tudo em nome de uma crise climática que está completamente fora de moda.

Os ativistas do clima do Greenpeace da Greta querem transformar o Ocidente em campos de matança dos tempos modernos

A tendência sempre crescente no Ocidente para o socialismo comunista e uma ditadura climática lembra ao economista americano Marin Armstrong o infame líder do Khmer Vermelho e assassino em massa Pol Pot, cuja sociedade ideal consistia de agricultores pobres e de subsistência com o mínimo possível de dinheiro, riqueza e posses. Ele abraçou o marxismo e viu a sociedade moderna como o mal, algo que ouvimos novamente agora no movimento climático".

Durante suas tentativas de submeter todo o Camboja a suas idéias, 1,5 milhões a 2 milhões de pessoas morreram de fome. Os opositores do regime de Pot foram torturados e assassinados em massa. Este genocídio humanitário, que acabou com um quarto da população, ficou conhecido mundialmente como "The Killing Fields", o título de um filme britânico de 1984 sobre os Khmers Vermelhos.

As pessoas que odeiam a tecnologia e querem forçar o mundo a voltar a uma vida simples são um problema recorrente", continuou Armstrong. Se o Camboja foi outro aviso desta mistura de socialismo e clima, o futuro não parece muito brilhante, pois temos que enfrentar estas pessoas repetidamente".

A Greenpeace usa a Greta para promover sua própria agenda

Greta Thunberg é treinada por Jennifer Morgan do Greenpeace, que viajou para o Fórum Econômico Mundial em Davos com Al Gore (criador do documentário "Uma Verdade Inconveniente", totalmente desmascarado, por todos os relatos). O Greenpeace financia a Greta, e seus doadores consistem em uma longa lista de socialistas. Greta apareceu dois dias antes das eleições em Alberta, Canadá, para dizer às pessoas que, devido à mudança climática, eles têm que desistir de seus empregos".

Que nada disto está entrando na mídia européia é ainda mais fascinante". Eles não estão autorizados a relatar que Greta foi recrutada pela Greenpeace, ou quando ela voou para o Canadá para tentar influenciar a eleição".

O Greenpeace tem uma longa história de violência, e agora eles têm Greta para receber mais atenção do que nunca. Eles estão estrategicamente muito conscientes de que as pessoas estão mais propensas a ouvir Greta do que nunca a um adulto".

O Greenpeace está perseguindo o mesmo tipo de objetivo que foi tentado no Camboja: voltar à vida rural, um fim aos combustíveis fósseis (=um fim à prosperidade atual), reduzir a população e um fim ao progresso tecnológico. Eles são marxistas, assim como os Khmers Vermelhos, mas preferem se chamar 'progressistas', quando na realidade querem impor uma regressão (declínio)".

Portanto, enquanto eles lançaram uma enorme investigação sobre como a Rússia supostamente influenciou as eleições americanas (para as quais ainda não havia um fragmento de evidência), nenhuma palavra é dedicada a como o Greenpeace está usando Greta para penetrar nos governos, e até mesmo Davos. Como ela é uma criança, todos têm medo de criticá-la. Jennifer Morgan NUNCA seria permitida a entrar em Davos em nome do Greenpeace. Greta é a chave para o mundo. Com Greta, eles recebem cerca de 20 milhões de dólares em doações com as quais querem impor a agenda do Greenpeace ao mundo".

47

O Greenpeace está perseguindo o mesmo tipo de objetivo que no Camboja: um retorno à vida rural, o fim dos combustíveis fósseis (=um fim da prosperidade atual), a redução da população e o fim do progresso tecnológico. Eles são marxistas, assim como os Khmers Vermelhos, mas preferem se chamar de "progressistas", quando na realidade querem impor uma regressão (atraso).

Portanto, embora eles tenham lançado uma enorme investigação sobre como a Rússia supostamente influenciou as eleições americanas (para as quais ainda não havia um fragmento de evidência), nem uma palavra é dita sobre como o Greenpeace está usando Greta para invadir governos, e até mesmo Davos. Como ela é uma criança, todos têm medo de criticá-la. Jennifer Morgan NUNCA seria permitida a entrar em Davos em nome do Greenpeace. Greta é a chave para o mundo. Com Greta, eles recebem cerca de 20 milhões de dólares em doações com as quais querem impor a agenda do Greenpeace ao mundo.

Os dados brutos e inalterados da NASA novamente mostram claramente que não há nenhuma crise climática, a mudança anual de CO_2 está na verdade diminuindo em vez de aumentar, e o clima está ficando mais frio. Agora eles estão tentando distorcer tudo para afirmar que afinal estavam certos, e o frio extremo é o resultado do CO_2, quando não há provas para isso. Isso não é científico', comenta Armstrong.

"Eles estão apenas mentindo sobre esta tendência, para levar adiante sua agenda de controle populacional". Armstrong foi um convidado da Casa Branca em um jantar com todos os principais grupos ambientais nos anos 90. Eles admitiram que seu objetivo é a redução da população. O CO2 é usado para promover a mesma agenda, o que é um total absurdo... Essas pessoas são desonestas, perigosas e determinadas a destruir a revolução industrial. Eles querem nos mandar de volta à idade da pedra e, além de parar o aquecimento (na Holanda, cortando o gás) e o ar condicionado, e fazer lavagem cerebral nas meninas para não ter filhos, eles também querem eliminar carros e aviões".

Não seria tão ruim se esta ideologia social e humanamente hostil fosse adotada apenas por uma pequena seita de extrema-esquerda do clima. Entretanto, esta seita conseguiu penetrar nos níveis mais altos de todos os governos, parlamentos e instituições (governamentais) ocidentais, e agora começou seriamente a quebrar nossa prosperidade e bem-estar passo a passo, com o objetivo final de eliminar milhões de fracos e "dissidentes" que se recusam a subscrever ou implementar esta agenda climática comunista.

Capítulo 8: Combustíveis Fósseis

Ocasio-Cortez significa "a erradicação de toda a vida na Terra" - "Se os combustíveis fósseis forem banidos, todas as árvores da Terra serão cortadas".

O Dr. Patrick Moore, co-fundador da Greenpeace, se destacou duramente em Alexandria Ocasio-Cortez, a nova querida da esquerda "progressista" na América. O "Socialista Democrático" apresentou um "New Deal Verde" que custará dezenas de bilhões de dólares e, de acordo com inúmeros críticos, jogará os Estados Unidos de volta numa sociedade pré-industrial. Moore tweeted que ele acha Ocasio-Cortez um "hipócrita" e um "idiota pomposo" porque a implementação de sua exigência de abandonar os combustíveis fósseis - o que a administração européia já começou a fazer com o fechamento do gás natural - causará "mortes em massa".

Moore rompeu com "seu" Greenpeace anos atrás depois que o movimento ambientalista foi tomado de dentro por anarquistas de extrema esquerda, dos quais Ocasio-Cortez é um exemplo.

Livre-se de todos os aviões e carros

O "Green New Deal", a versão da Esquerda Verde do Acordo Climático em excesso, quer que os EUA rompam completamente com o petróleo, o gás e a energia nuclear. As viagens aéreas devem ser substituídas por trens (mesmo através dos oceanos), e 99% de todos os carros devem desaparecer.

Como de costume, é claro, com exceção da elite governante. O New York Post, por exemplo, informa que a própria Ocasio tem uma gigantesca "pegada de carbono", em parte porque sua equipe de campanha usa quase exclusivamente carros a gasolina comuns. Ela mesma tomou o avião 66 vezes entre maio de 2017 e dezembro do ano passado, em comparação com apenas 18 vezes de trem, para o qual, se dependesse dela, todas as pessoas seriam logo obrigadas a mudar.

O dinheiro socialista pressiona para a habitação gratuita

Além disso, cada edifício nos EUA terá que ser completamente modificado ou mesmo reconstruído para atender a requisitos climáticos muito rigorosos. Cortez quer financiar milhões de empregos governamentais para este fim. Aqueles que não querem trabalhar, a propósito, terão permissão para ficar em casa totalmente pagos e também não terão mais que pagar as despesas de moradia. Mas quem iria querer isso?

Como o "AOC" planeja pagar por sua Utopia verde? Simples: simplesmente ligando as prensas de dinheiro, que é a única maneira de financiar seus planos draconianos e extremamente caros. O fato de que este socialismo levou à pobreza e miséria generalizada em todo o mundo através da história não deveria ser um nome, porque "desta vez vamos acertar", disse Cortez em uma entrevista anterior.

Este plano significa a erradicação de toda a vida.

O Green New Deal afirma até mesmo que todos os gases de efeito estufa devem ser removidos da atmosfera. A resposta de Moore: Tecnicamente (cientificamente) isto significa a remoção de todo vapor de água e todo CO2, o que significa a extinção de toda vida. Brilhante".

AOC então escreveu que "se você não gosta do acordo, você deve apenas apresentar sua própria proposta ambiciosa para resolver a crise climática global". Até lá, nós estamos no comando, e você só grita de lado.

Para o qual Moore teve uma firme refutação: "Alto-falutinista". Você não tem nenhum plano para alimentar 8 bilhões de pessoas sem combustíveis fósseis ou levar os alimentos para as cidades. Cavalos? Se os combustíveis fósseis forem proibidos, então todas as árvores da terra serão cortadas para combustível para cozinhar e aquecer. Causará mortalidade em massa... Você não passa de um simples hipócrita, como os demais, e tem experiência ZERO em qualquer área sobre a qual você afirma ser capaz de dizer alguma coisa".

Em uma resposta posterior a um tweet de outro fanático do clima que afirmou que "o fim dos combustíveis fósseis é inevitável", Moore escreveu: "Você está sofrendo de ilusões se pensa que os combustíveis fósseis desaparecerão em breve. Talvez daqui a 500 anos". A atitude da AOC é irresponsável e condescendente. Ela é uma neófita que finge ser inteligente. Sua espécie, se colocada no comando, nos levará à ruína'.

Capítulo 9: Composto humano

É hora de otimismo: A Terra ainda está muito vazia, há energia e dinheiro suficientes, e podemos usar muito mais CO2.

Lançado em 1973, o filme Soylent Green é considerado um dos maiores clássicos da ficção científica, e ganhou vários prêmios. O filme é sobre o ano de 2022, no qual a terra é assolada pelo excesso de população, e há 40 milhões de pessoas vivendo em Nova York. A comida comum é escassa e extremamente cara, assim como a água limpa. As pessoas comuns comem um produto cultivado na fábrica chamado Soylent (Soja de soja, Quaresma de lentilhas). Das três variedades, a Soylent Green é a melhor. Durante uma investigação de assassinato, um policial e seu colega de quarto fazem a descoberta chocante de que a Soylent Green é feita a partir de corpos humanos. Este quadro de horror está lentamente se tornando realidade com a abertura da primeira instalação de compostagem humana do mundo nos Estados Unidos este ano.

"No suor do teu rosto comerás o pão, até que voltes à terra, porque dela foste tirado; pois tu és pó, e ao pó voltarás". (Gênesis 3:19)

Quando chegar sua hora, nós no Ocidente temos duas opções para nossos restos mortais: enterro ou cremação, Alerta Científico escrito em dezembro de

2019. A isso se juntou agora um "ritual alternativo único": a compostagem.

Recomposição

A primeira instalação para processar cadáveres em adubo foi construída em Seattle. O processo é anunciado como "recompostagem", "decomposição orgânica natural" e até mesmo "vida após a morte".

A fundadora Katrina Spade chamou a lei, que entrou em vigor em maio de 2020 e tornou legal a "compostagem" de corpos humanos, uma "revolução funerária" verde. O site da Recompose afirma que "os corpos são cobertos de aparas de madeira e expostos ao ar, criando um ambiente perfeito para micróbios naturais e bactérias benéficas". Em 30 dias, o corpo é completamente transformado, criando um solo que pode ser usado para cultivar nova vida.

Os parentes mais próximos são encorajados pela empresa a usar parte deste composto humano em seus próprios jardins. Pomodoro di Nonna: a sopa de tomate da avó de seu próprio jardim assume uma dimensão muito literal....

De acordo com a Recompose, a compostagem seria mais ecológica do que o enterramento, e certamente mais do que a cremação, pois a queima de um cadáver libera CO2. Optar pela compostagem economizaria uma tonelada de CO2 e também eliminaria a necessidade de reservar terra para cemitérios. Custo deste funeral: $5500.

A transformação de restos humanos em adubo para cultivar alimentos se aproxima do futuro sinistro esboçado no filme Soylent Green - visualmente, aliás, muito datado - embora, é claro, os cadáveres ainda não sejam utilizados diretamente para a produção de alimentos.

Além de uma forma assustadoramente fria de canibalismo, o filme de quase meio século também mostra uma forma cerimonial de eutanásia, na qual as pessoas são mortas - mesmo à força - para o "bem" da sociedade. Pouco antes de receberem sua injeção - eufemisticamente apresentada como 'indo para casa' - é mostrado um filme sobre a antiga Terra, como tudo era bonito naquela época.

Especialmente desde 2020, vimos que com as medidas corona, a desumanização dos seres humanos e da humanidade se acelerou. Na melhor das hipóteses, as pessoas são vistas como produtos a serem ligados a um sistema de controle digital global usando tecnologia como a 5G e vacinas. De fato, uma parcela significativa do movimento climático internacional vê abertamente o ser humano como um fardo e uma maldição, o que poderia ser um trampolim assustador para racionalizar políticas governamentais misantrópicas e, em última instância, justificar e perdoar o genocídio em massa, seja qual for a forma em que ele fosse realizado.

É hora de otimismo: A Terra está vazia, a energia e o dinheiro são abundantes

As pessoas passaram a tomar como certa a idéia de que a terra está "superpovoada" e os recursos naturais são "escassos" graças à propaganda incessante. No entanto, numerosas previsões anteriores sobre isto nunca se realizaram. O famigerado Clube de Roma nos anos 70 previu uma enorme crise global de energia, alimentos e recursos no ano 2000, mas nenhuma delas se tornou realidade.

Chegou a hora, portanto, de uma visão otimista do futuro. A realidade é que a Terra ainda está muito vazia. Basta olhar as fotos do espaço - os vestígios da presença humana ainda são pouco reconhecíveis, exceto por um punhado de áreas urbanas densamente povoadas. Com tecnologias modernas e mais CO2 (cujos níveis na atmosfera ainda são historicamente, quase perigosamente baixos*), gigantescas vastas áreas vazias, como a Sibéria e o Saara, podem ser transformadas em zonas férteis e habitáveis, onde bilhões de pessoas podem viver. O dinheiro é abundante, pelo menos se a humanidade finalmente decidir usar os trilhões anuais gastos em armamentos e guerras para fins mais úteis.

Há muita energia disponível, mesmo para dezenas de bilhões de pessoas - especialmente se o rápido desenvolvimento do Thorium e das usinas de fusão

57

nuclear for totalmente implementado. Assumindo que estas se tornem comercialmente viáveis por volta de 2050, ainda haverá gás, petróleo, carvão, urânio e plutônio mais do que suficientes para os próximos 30 anos para atender à demanda de energia em rápido crescimento. Mesmo depois disso, as fontes "fósseis" serão capazes de fornecer energia barata e confiável por um longo tempo.

O Ocidente Moderno está nos levando precisamente a um futuro escasso e sombrio sem liberdade

A tendência liderada pelo Ocidente, entretanto, é exatamente o oposto; movidos pelo medo e pela misantropia que beira a negatividade, eles querem tornar a energia escassa, não confiável e cara (solar e eólica), assim como os alimentos e a água, e é por isso que o Estado, a UE, a ONU e os globalistas como Bill Gates estão agora tentando colocar suas mãos em todas as terras agrícolas. Aqueles que sobreviverem às muitas crises, que se tornarão inevitáveis nas próximas décadas devido a estas políticas, terão que viver como escravos sem qualquer forma de liberdade e autodeterminação, e com apenas uma fração da prosperidade atual, sob o jugo de uma ditadura tecnocrática e dura como uma rocha.

A velha ordem está agora tentando tomar o poder total através da 'Grande Reposição' (/ 'Build Back Better'), 'Agenda 2030', o 'Green New Deal' e as campanhas de vacinação Covid-19, e assim perceber este futuro

sombrio. No entanto, ainda podemos escapar dele;
basta um despertar em massa, uma resistência pacífica
em massa, um NÃO em massa. Queremos outra
"Grande Reposição", na qual a atual ordem vigente seja
realmente removida e perca seu poder, e as pessoas
comuns sejam finalmente autorizadas a decidir por si
mesmas como sua própria saúde e seu próprio futuro, e
a de sua aldeia, cidade, país, povo, sociedade, economia
e cultura, devem ser.

Nossos outros livros

Confira nossos outros livros para outras notícias não relatadas, fatos expostos e verdades desmascaradas, e muito mais.

Junte-se ao exclusivo Rebel Press Media Circle!

Você receberá uma nova atualização sobre a realidade não relatada, entregue em sua caixa de entrada todas as sextas-feiras.

Inscreva-se aqui hoje:

https://campsite.bio/rebelpressmedia

www.ingramcontent.com/pod-product-compliance
Lightning Source LLC
Chambersburg PA
CBHW071447150726
48000CB00006B/2470